D1727425

1. Auflage
© 2022 VHV-Literatur und Kultur Verlag,
Mittenwalder Straße 46 a, 10961 Berlin

Covergestaltung, Satz: Andreas Vierheller
Lektorat: Vera Mann
Schrift: ITC Slimbach Std

Druck und Bindung:
PRINT GROUP Sp. z o.o.
ul. Księcia Witolda 7
71-063 Szczecin (Polen)

ISBN 978-3-948574-07-9

www.vhv-verlag.de

Victoria Hohmann

DER FRAU

Texte

LITERATUR &
KULTUR VERLAG

Inhalt

DER
FRAU

DER FRAU

Mutter

Gebären
geboren werden sich gebären lassen gebärden
der Geburtskanal die Fruchtblase die Fruchtvase das
Gefäß die Eröffnung
zuvor/dann
ein Danach Immer Weiter und weiter und mehr und
darüber hinaus und und bis zum letzten Atemzug bis
zum Letzten aber jetzt der erste JETZT der Beginn
mit einem Schrei mit einem sanften Klapps einem Tö-
nen ein erstes Luftholen ein Erstes
Anfang alles auf
Becken Vibrieren Entschlüpftes Entbindung Nähen
und Entfernung HIER Herausgepresstgeschnitte-
nes GEWALTIG Kräfte walten wirken wogen wagen
Natur_macht macht (*moves*)
EINE neue Zeit tritt in Erscheinung EINE neue Erscheinung tritt ein auf an EINE neue Zeitrechnung
Zeitaufzeichnung Zeitzählendezahlende noch Un-
beschriebene gesichtert plötzLICHT das Köpfchen
ein Fensterladen im Wind ein GeRAUSCHEN Zeitbe-
wusstsein Selbst einpendelnd EIN
WAS
ist der Mensch
WAS
der Mensch die das Menschlein
Fleisch und Blut und Urin und Fäkalien
Schmier aus Naturfarben Fasern pastöser Auftrag mal

wässriger surreal-naturalistisch schließt sich nicht
aus schließt sich auf Fragen Fragen RAGEN überall
im Raum im (*Hall*)
Gezeiten Strudel Portale Brücken Links Diesseitigkeit
analog Analogien Dialoge Logos TEXT is happening
Eingebung inspired by Impuls
Angesicht angemischt schminkpuppenfarbener Roh-
leinenleib, der
für
hingegeben an den Augenblick Ausblick die Aussicht
das Drama auf dem Ascheplatz tänzelnd noch
vor den Schüssen
das Trikot die Startnummer die Werbefläche
poliertes Tuscheln Murmeln an den Ausläufern des
Meeres darüber Möwen

Frau

Rabenschwarzer Schulterschatten wie verwitwet die
feuerrotes Haar einstmals Warnung: Weibliches,
Sexualität
ACHTUNG
Rot ist die Gefahr DIE DIE
Rot ist die Ampel das Haltegebot der Alarm Alarm
Rot wie Blut was sonst wer kann schon Blut sehen
riechen ertragen welcher Mann Kerl Titan im Kreis-
saal im Höschen im Möschen einer Geliebten einer
Beschlafenen diese Beschaffenheit dunkles klumpi-
ges Blut von Geweberesten durchsetzt durchspon-

nen garnartig Re- and Generationsprodukt der die
Menschmaschine der Produktion der Lebensaufnah-
meausgabe
ACHTUNG

Eine

Er ja / Ehr` ja
gebrochen!
gebrochen
sowas von
ausgekotzt ausgekost
hat es sich
hat er sich
sie
hat er
Schatten / an der Wand an die Wand
gemahlen provoziert projiziert
was zurückgeworfen werden muss
ins Forum hier
den Raum der Begriffsstutzigkeit
ÄH ÄH ÄH
Baby Süße
ÄH ÄH EY
ÄH ÄH ÄCHZ
Baby Biene
ausgesummt hat es sich hat er sich ausgesamt
Arsch
Arsch

Loch
Loch
Akt
LOS
sagt er
sagt wer
wehr
dich
sie MACHT
aus dem Duzfreund den selbstherrlichen Widersacher
den Herrn der er zu sein
verlangt Übermenschliches von ihr
sagt wer
warum
macht sie / macht macht sie
kann liefern könnte sich
AUS
Macht nichts machen / nichts machen
kann ihr das
je
ER ER ER
Lösung sein

Frau

Zum ersten Mal
dieses Pflaumenmus im Slip
auf Besuch bei der Großmutter
die die Hände über den Kopf

Herr Jesus
mit zwölf Jahren
aus allen Tempeln der Kindheit
Drogeriemarkt am Eck, Peinlichkeit des jungfräulichen
Bindenkaufs
Always
schwitzige Einlage im Höschen
Rascheln
KNISTERN
Umher konzentrierter Stilaugen
Schamhaft
warme Dunkelheit
Blutige Haarverfilzungsfurche
riecht es der Hund
auf der anderen Straßenseite
die Männer am Kiosk
plötzlich Männer
überall Männer
(alt, jung, speckig, fleckig, glatt, aalig)
Wünschelrutengänger nächtens in den Gassen Gossen
Hunde auf Frauenfang
Beutetiere
Eindringlinge
in heile geile Gänschenwelten
die Ställe offen plötzlich
Platzlicht
Platzregen
ein Regen überall
ein Platzen
ein Kleben
Schritte regiert

süße Lust saure
Pflaumen und Muss
nein nein nein
ja ja ja
JAJA
NEIN NEIN
heißt nix
selbstherrlicher Fortpflanzungsdruck
Vermehrungswille
breitbeinig straßenweit
im Stammhirn in archaischen Hirnarealen
aufspringen auf
das Rattern
die Schienen
scheuerndes Metall
Gen- Nukleinsäureketten
Adenin Guanin Cytosin Thymin
Samen pflügen Besitz Besesshaftigkeit ekelhaft heftig
BRUTAAAAAAAAAAAAAAAAAAAAAAAAAAAAAA
AAAAAAAAAAAAAAAAAAAAAAAAAAAAAAAAAA
AAAAAAAAAAAAAAAAAAAAAAAAAAAAAAAAAA
AAAAAAAAAAAAAAAAAAAAAAAAAAAAAAAAAA
AAAAAAAAAAAAAAAAAAAAAAAAAAAAAAAAAA
AAAAAAAAAAAAAAAAAAAAAAAAAAAAAAAAAA
AAAAAAAAAAAAAAAAAAAAAAAAAAAAAAAAAL
an sich / halten – überfahren
weil die Pflaume
gefällt
nicht weit spannt sich das Himmelszelt
Moskitonetz Reißverschlüsse zugezogen
über dem abwaschbaren Kunststoffboden

Grasnarbenfetzen
Käfer Kleintiere
zwischen den Schlafsäcken
stickige Luft prasselndes Sonnenstrahlen nach
Detonation
Selbst nur mehr Schatten an beigen Steilwänden
aufgespannt zwischen schlammbeschmierten Schnüren
später auf Klappstühlen
Vertilgen von Eingemachtem Erdbeergelee
auf Butter auf Mischbrot
dazu Jakobs Krönung
wässerig
wie das Aufstehen –
kein Aufgehen kein Plan kein Stern über keinem Lager
es war einmal
das erste

Mutter

Der Uterus lässt sich durch keinen anderen Muskel steuern
Safe Space
gegen alles Wogen
wenn die Wellen anrollen
ahnt niemand das Stranden
unweigerlich an unbekanntem Ort
freitags Robins Sohn Tochter
an Land kriechen
fleischiger Grund
strecken nach Nahrung über Bauchfaltenwürfe Entwürfe

Stämme hinauf
da sein
und nichts wissen
von den Guten
lernen, vlt. von den Besten im Glücks_{fall}

im Bauch
wiegen
sie sich sicher
bevor Welt in die Quere
gerät gerät
längs und rücklinks
Schreie zu atmen
das bleibt so
verschwommener Blick
Scharfsicht nur auf zwanzig Zentimeter
Nähe
harte Kontraste
bis das Farbspektrum Alarm läutet
Kinder Kinder

Eine

Der Herr hat genommen der Herr hat gegeben
aber sowas von
aber die Hände
aber das Maul
aber sowas von
voll

mach dich klein
immer kleiner als du bist
Mäuschen (putz das Häuschen)
schnurr
auch wenn das keinen Sinn
ergibt sich natürlich
ergib dich natürlich
die Natur der Dinger
es ist was es ist

Verlangen / Lust / Ekstase
ALS OB FRAUEN
Mittel zum
Zweck entfremdet
diese Titten Arschbacken Kurven weißen Shirts
GEIL GEIL GEIL GEIL GEIL
wie Ladies lamentieren lahm lahm
diese Bewegungen
dieses Aufständische
was die sich versprechen
wie die sich verlaufen
auf Straßenkreuzungen
in Herzen
Metropolen
diese Spruchbänder
dieses Plakative
diese Sprechgören
aufgeplusterte Bunnys
Kittens
verkleideter Streichelzoo
unter Daumen

kitzelt Alphaman alles aus dir
heraus was du feilzubieten hast
mehr steckt nicht im Weibe
als was in ihm steckt
schwört er
im Arbeits- im Gebetskreis der Patriarchen
DER
Verschleierungen Befehlenden
was Besitz Verhältnisse verrücken Ölfelderländereien
beanspruchen könnte
das Gitter die Gatter die Ganter
die
Erpel
entlang des Flusslaufs
die
Ente hetzend
gruppenweise
sie
fest
nagelnd
das ist der Lauf
sagt er
in die Öffnung

Mutter

Brüllen
DURCH
die Wände des Kreißsaals Kreischsaal daher

der Name das Erste
nach
dem
die Ärztin fragt
lobt
DURCH
die Nacht
im Rücken
die Liege die Lage das Lager
der Säugling brustlängs
Hormongebräu
Hirn schaltet
aus / ein
Körper
funkt
Göttinnenstunde
Dämmerung
DURCH
die vorgezogenen Vorhänge
dunkelgrüner Tagesanbruch
Hagebuttentee Schinkenbrot Honig
Milchgängegesänge warmes D-UR vanillefarbenes
Paradiesversprechen Maria lactans
altes Neugeborenes
Faltenwurf des Himations der Tunika
Denkendes
Beginn
deine Epoche

Stunden nächtelang um die Ohren
schlagend

Brustwarzen in Miniaturrachen Vorhöfe
rot wie
das Leben
sprach der Text museal
deutete auf Lehm
Rituale
in der afrikanischen Halbwüste im australischen
Busch in europäischen Höhlenleibern

wie man die Kraft haben kann FRAU
wer gebiert kennt keine Grenzen

mehr

Gebären heißt alles vermögen

Eine

Scheiterhaufen Verließe Pranger Steine Pfähle Räder
Schande Schinder Schänder Schuld Finger
hochgekrempelte Kutten gezückte Spieße scheiden-
des Metall
all das wovon sie nicht sprechen (wollen)
eingebrannt in die Memoiren der Frauen
Leidensausweglosigkeit Hundertausende Kilometer
kreuz und quer
Striemen der Erde
(*erde rede rede erde*)
all das was sie untergraben
unterjochen unterbinden unter

banden
wollen wollten gewollt haben zu Willen gebogen beugten
Männer
nicht um ihre Herkunft wissend verdämmert abgewichst
ahnungslos verzogene Söhnchen

Mutter schafft (*to create created created*)
Geduld der Eingeweide
das Land, wo / das Land
sie streicht trägt klingt
Ertasten / Oktaven
Schoß / Mund
Gewebe aus g e d e h n t e n Gedeihens

die eigene Mutter
hin
gegen ihr Leibwesen gelehnt auf dem Schwarz

weißbild
im Rahmen

die Mutter
spiegelverkehrt
STERBEN SEHEN
über Jahre
Reflexionen Lektionen
Furchtwasser unter
Nebel der Welt
taghell
ausgeleuchtete
Vergänglichkeit
harte Schatten filterlos

Bearbeitungsmodus
das die dort
niemand
im Gewand
        des Todes

Frau

streift sie / reicht sie / schleift sie
DURCH
Straßen
die sie nicht mehr kennt (Licht!)
sie sich noch aus in sich
Balken Krümmen verkümmert hängt
die Platte

Vergänglichkeit
kommt von
vergangen
setzt ein Gehen voraus
(vor den Abgang
den Abgesang
Grund
Ton)
Markierung: *Bühne hinten links*

Notbeleuchtung
Hinter der Stirne (*Echo: Birne*)
Christus, erbarm

eh dich
Notbeleuchtung
Todbeleuchtung
rot schrill extra weiß
eigentlich habe ich mir das Hier anders vorgestellt
die Dialoge
die Gattung
die
Leerstellen

–

–

–

die Markierungen
auf dem Boden
die Wände
Grenzpfähle
langgestrecktes Rechteck
auf dem Rücken in die Sternbilder
sich befragend
die Nabelkrähen in den Wipfeln

über

dem Kies

nebenan liegt eine Bekannte

Mutter

Nebenan
das kennt niemand
tunichso

Schönschrift der Sagen vom Gestern entziffern das
morgen morgen morgen immer schon anders aussieht
sähe
zurechtgemacht das strohige Haar gebürstet gegelt ge-
legt plissiert

Eine

Für die Frau die Frau die Frau hier hat sich vieles
verändert verändert
oder oder
ein wenig zumindest zumindest
wenn man hinlugt mit der Lupe dem Teleskop da
dann sieht die Frau die Frau die Frau da hinten aus
wie der Mars opposite to the
was weiß wer schon
total different jedenfalls die Frau die Frau die Frau
nicht bloß in Hosenaufzug sondern
ja
oder
so richtig anti-weibisch feministisch männlich and-
rogyn woke hardcore empowered das Frauenzimmer
mutiert das Muttertier das Frauchen ein Wesen wie
aus Heldenepen
ein trojanisches Fury eine hochseereisende Penelope
eine Mama-Medea im goldenen Frieß
ganz neu ist die schau NEW Brand / Look / Image –
Changes Baby

nicht mehr reduziert zensiert dominiert objektiviert
relativ
ist doch alles erreicht jetzt das Fass der Emanzipation
welterfolgweit übergeschwappt
es sprießen die Nachwüchse der der der Suffragetten
und Co. everywhere
verwandelt liegt the world
vor den Füßen Baby hexhex
die Männer die die die haben ausgelernt ausgelernt
gelernt gelernt
white male cis Schiss is over and gone jeder Vorwurf
Tennis arm gegen die Wand
keine Hure, keine keine Hure / keine Schlampe, kei-
ne keine Schlampe / keine Fotze, keine keine Fotze /
keine Mami, keine keine Mami mehr in der Schublade
zusammengerollt
Begriffe wie blickdichte Nylonsümpfe plötzlich all-
umspannende lyrische Ichs Ichs was was was
Leidkulturverschwörungsfeuilletonististen bellen nur
noch in Sperrzonen zwischen 23 und 5 Uhr morgens
hinter FFP-2-Masken
das Weib sitzt (trohnt) breitbeinig im Fernsehsessel
und ergötzt sich an ihrem Radius
that`s life
YEAH is
doch alles er
reicht hier

Mutter

GravitAAAAAAAAAAAAAAAAAAAAAAAAAAAAAAAA
AAAAAAAAAAAAAAAAAAAAAAAAAAAAAAAAAA
AAAAAAAtion
einsamer Flug Fluch   *#buntbefalleneAAAAAAAABlätter*
das Beschissene das Wetter Fensterbilderalp
schlafen
evt.
#träumen
dreieinhalb
Stunden
Laubbläser durch die Fensterläden
versenkte Wimpern
wenn eine ruht
wenn eine geht
was bLEIBt

zurück zurück

Wenn die Wellen anrollen
Orgasmen der Pein (*Pain is only Pain*)
ekstatischer Schmerz (sich Bahn bricht Bann)
dann dann DAAAAAAAAAAAAAAAAAAAAAAAAA
AAAAAAAAAAAAAAAAAAAAAAAAAAAAAAAAAA
AAAAAAAAAAAAAAAAAAAAAAAAAAAAA
AAAAAAAAAAAAAAAAAAAAAAAAAAAAAAAAAA
AAAAAAAAAAAAAAAAAAAAAAAAAAAAAAAAAA
AAAAAAAAAAAAAAAAAAAAAAAAAAAAAAAAAA
AAAAAAAAAAAAAAAAAAAAAAAAAAAAAAAAAA
AAAAAAAAAAAAAAAAAAAAAAAAAAAAAAAAAA

AAAAAAAAAAAAAAAAAAAAAAAAAAAAAAAAA
AAAAAAAAAAAAAAAAAAAAAAAAAAAAAAAAA
AAAAAAAAAAAAAAAAAAAAAAAAAAAAAAAAA
AAAAAAAAAAAAAAAAAAAAAAAAAAAAAAAAA
AAAAAAAAAAAAAAAAAAAAAAAAAAAAAAAA
AAAAAAAAAAAAAAAAAAAAAAAAAAAAAAAAA
AAAAAAAAAAAAAAAAAAAAAAAAAAAAAAAAA
AAAAAAAAAAAAAAAAAAAAAAAAAAAAAAAAA
AAAAAAAAAAAAAAAAAAAAAAAAAAAAAA
AAAAAA AAAAAAAAAAAAAAAAAAAAAAA
AAAAAAAAAAAAAAAAAAAAAAAAAA
AAAAAAAAAAAAAAAAAAA AAAAAAAAA
AAAAAAAAAAAAAAAAAAAAAAAAAAA AAAA
AAAAAAAAAAAAAAAAAAAAAAAAAAAAAA
AAAAAAAAAAAAAAAAAAAAAAAAAAAAAA
AAAAAAAAAAAAAAAAAAAAAAAAAAAAAA
AAAAAAAAAAAAAAAAAAAAAAAAAAAAAA
AAAAAAAAAAAAAAAAAAAAAAAAAAAAAAAA
AAAAAAAAAAAAAAAAA AAAAAAAAAAAA
AAAAAAAAAAAAAAAAAAAAAAAAAAAAAA
AAAAAAAAAAAAAAAAAAAAAAAAAAAAAA
AAAAAAAAAAAAAAAAAAAAAAAAAAAAAA
AAAAAAA AAAAAAAAAAA AAAAAAAAA
AAAAAAAAAAAAAAAAAAAAAAAAAAAAAA
AAAAAAAAAAAAAAAAAAAAAAAAAAAAAA
AAAAAAAAAAAAAA AAAAAAAAAAAAAA
AAAAAAAAAAAAAA AAAAAAAAAAAAAAA
AAAAAAAAAAAAAAAAAAAAAAAAAAAAAAAA
AAAAAAAAAAAAAAAAAAAAAAAAAAAAAAAA
AAAAAAAAAAAAAAAAAAAAAAAAAAAAAAAA
AAAAAAAAAAAAAAA AAAAAAAAAAAAAAA

AAAAAAAAAAAAAAAAAAAAAAAAAAAAAAAAA
AAAAAAAAAAAAAAAAAAAAAAAAAAAAAAAA
AAAAAAAAAAAAAAAAAAAAAAAAAAAAAAAA
AAAAAAAAAAAAAAAAAAAAAAAAAAAAAAAA
AAAAAAAAAAAAAAAAAAAAAAAAAα
frisches Wesen
auf eierndem Rund

sie schläft
die Neue das
sie
ganz
friedlich (niedlich könnte man
seufzen / quieken / *singen*)
ein Traum
Life is but a walking
Daddy in der Cuisine
es köchelt Topf und
Deckel
(CUT)

Ein halbes
Jahr / lang
die Einkäufe / die Wäsche / das Ausbaden
des Kindes
sie wieder wieder
wieder wieder wieder
Glieder Lieder Köpfchen stützen / Grütze flößen / Näs-
se pützen / Näschen rümpfen / Beinchen strümpfen
37 Grad / Kochwäsche rumpelt rantend in der Blech-

trommel

warten wandern warten wandern Wäscheberge

Waschgang wandern warten warten waten wüten

was denn

was nun

was noch

WAS

37 GrAAAAAAAAAAAAAAAAAAAAAAAAAAAAAA
AAAAAAAAAAAAAAAAAAAAAAAAAAAAAAAAAA
AAAAAAAd

Waschung Ölung après

schreibt Therese, die Hebamme AAAAAAAAAAA
AAAAAAAAAAAAAAAAAAAAAAAAAAAAAAAAAA
AAAAAAAAAAAAAAAAAuf ein Blatt

Einbaum gleitet

Gen Horizont

parallel wellt Welt / Parallelwelt Welt

schreibt Therese auf ihrem Blog

spricht ins Ringlicht auf ihrem Channel

in Bänden von anderen um

ständen in der Allee nicht diese **A**hörner sagen wir mal diese kinderwagenden Nullerverjährten diese Verstoßenen Verschoßenen diese Statuspumpen Lauchblasen Besserficker über den Spielplatz pflügend den Spiellatz Nieten reifröckisch Stelzen schwingend katapultartig Gelände teerend claimende Clans mit extra kleinen Karos Ollis am Stiefelschaft

die mich denken machen, nein: sie sie SIE

Therese

spricht ja now

wie der Wind

#DieErinnerung
auseinandergefegt
Thereses Omama, erinnert Therese, sprach brain-
washed von hellen Stämmen von Weißen
machte ein Zangengesicht als der Arzt ihr das Nacht-
hemd hochriss
verstörte Verhältnisse zwischen Polstermöbeln und
Vitrinenschränken aus Palisanderholz
gestörte Tellerwelt sagen die Consumer today ein
Glück schaufeln eigene Kinderportiönchen in Mela-
min-Menüteller wie in 9000 Meter HÖHE
`Herkunft endet immer im Boden`
(*Anonym*)

Wenn die Wellen SURFEN sonst
G
LEIT
ENT
LAAAAAAAAAAAAAAAAAAAAAAAAAAAAAAAAA
AAAAAAAAAAAAAAAAAAAAAAAAAAAAAAAAA
AAAAAAAAAAAAAAAAAAAAAAANG des
SCHREIbt Therese, *Beisteherin*, **Obstetrix** (nix Obe-
lix) von lateinisch *obstare* „beistehen" früher auch
Wehmutter weiß das Wiki
EINE
wurde erfasst – fast – SCHREIbt Therese
musste aber lebt kommt vor passiert gelegentlich sel-
ten natürlich ja aber schon auch heute noch doch ja
gar nicht so selten in alten Zeiten öfter häufig sogar
ständig meint man retrospektiv manchmal eben auch

so
EINE zwei viele tausend
SCHREIE   S C H R E IIIIIIIIIIIIIIIIIIIIIIIIIIIIII E
ob traumatisch fragt die Frauenärztin sechs Wochen
später
die SprechstundenHILFE
sticht spricht vom Wetter
Windkanal
beim Blut abnehmen
spricht lau lauter als sonst sonst
es war gut – will niemand hören
weh muss es tun WEH
MUTTER
fick die weibliche Selbstermächtigung
der Kaiser kommt:
SCHNITT

Therese schweigt sich aus über ihren Beruf SCHREIt
sich aus im Netz wie viele Mütter Münder
sitzt auf dem Friedhof gelegentlich, um zur Ruhe zu
kommen *blue sunday* jemand jauchzt im Back
ground
pfeift der Wind
Therese
sitzt oder auf dem Hometrainer zwischen den
Schichten um den Kopf
frei zu radeln

Viel
leicht
Viel

leicht

fiel mir schwer, ehrlich

der letzte Satz

über den Canyon (verglühend im Reich seiner Sedi-
mente, darf man das)

Schichtumschichtum*sch* **sch** *still*(!) weil`s Kindlein

Guten MorGÄHN

ich habe geboren

sie hat geboren

die dritte Person nimm besser nimmt jede/r ernster wie
das Leben weil unvertrauter da horcht es sich anders
weil Urvertrauen, das

was

Wesen vertauen

lose natürlich im Neuen (du warst mein Leben lang als Möglichkeit in mir vorhanden) im ewigen Gestaltwechsel

born to

Leben geben ist wie Berge pflanzen

Eine

Sie sagen eine Frau sei weniger wert weniger intelli-
gent smart stark weniger allgemein sagen sie
sagen der Leib in dem sie entstanden wuchsen sei
weniger wichtig als der eigene sagen sei Fehlkonst-
ruktion mit Regel schwächlich beschämend unfertig
unzulänglich ungenügend unzureichend fehlerhaft
mangelhaft minderwertig sagen sie könne aber Per-

fektion hervorbringen dank höherem Wesen außerhalb des erbärmlichen Fleisches in Form von (*Herrgottnochmal!*)

wenn Männer wüssten wenn sie nur eine Ahnung hätten was Leibesfrucht bedeutet

Orgasmus oder Geburt

weil sie ahnen vielleicht vielleicht

zensieren knechten löschen sie aus treten schlagen zwingen

neidisch vor dem Leben das sie nicht im Stande sind zu nehmen nehmen nehmen

NIE WIEDER

Eine Mutter

Auf
    wachen
    wachen
a wake
ein an
ruf
es ist vorbei es ist da
oh ver-
geliebtes
oh when the saints

mein Leib ist heilig mein Körper mir heilig meins nur
meins keinem Gott keinem Herrn unterworfen unter-
geben unter keinem Gesetz keinem Wort
Natur
meine Natur NATUR
meine Wildnis meine Wildnis / sich selbst regierend

Eine

sich gut fühlen Glut fühlen
kennst du
wieder
sich
ganz
nach der Narkose aufwachen
mit Erleichterung in jeder Faser des Corpus
ist nicht nur möglich

ist Standard in den Schwangerschaftsabbruchspraxen
aber
das
NEIN
aber
sowas
NEIN
das
darf keine sagen über die Lippen
bringen
sich gestatten zu denken
sowas
NEIN
das
unmoralisch ist das krank gestört abartig pervers ver-
pönt verdorben verkehrt Verfehlung verboten sowieso
weil
    ES
ja hieße
töten gut zu heißen
oder
wider die Gebote
des christlichen Abendlandes wider den Schöpfer erste
Person maskulin im Pimmelhimmel
sprechen darf keine
DARÜBER
ohne Scham Reue Tränen Krämpfe Kämpfe
gewissenlose Weibsbilder   SONST
an die Wand gemalte Teufelinnen

JA
   ich habe getötet
wenn
DAS töten ist
gilt – guilty
wenn es nicht nur bedeutet Handgreiflichkeiten Vor-
zeichnungen Narrativen zu entkommen entgehen
gegen den Strich

Töten was heißt töten kann denn töten heißen etwas
bezeichnen das im eigenen Körper geschieht dem
eigenen Körper geschieht muss töten nicht immer
etwas vom eigenen Leib Getrenntes sein Entferntes
das eine äußerliche Entfernung voraussetzt eine Dis-
tanz einen Raum der durchmessen der durchmessert
werden muss um etwas zu Fall zu bringen (*impulsiv
oder mit Kalkül*) etwas aus der Welt zu schaffen (die
Drei- die Vierdimensionalität vernichtend)
und wenn es doch Töten ist dann ein zu unterschei-
dendes ein In-sich-Töten und stirbt nicht die Frau –
und ist dies nicht die Essenz – stirbt nicht die Frau an
dem Ungewollten in sich wenn sie nicht künstlich und
mit Hilfe eine Entfernung herstellt vollzieht zu dem in
ihr gepflanzten Unglück Schlag Leid Verderben

ich mache (das kommt von Macht)
mir ein Bild
vlt. eine Einbildung von mir
ich mache
mich frei
untenrum

36

besteige
> den Stuhl (den heilenden)

bestimme
über
zurückgelehnt
willig
in meiner
haut ab
das tut man nicht
ACH SO?
NIEMALS tut man DAS
DAS ist böse
sagen sie
> und sie und Sie und

sie sagen sagen Sagen

nirgends
steht geschrieben: *Die Abtreibung hat mich glücklich gemacht. Die Abtreibung hat mich erleichtert. Die Abtreibung war das Richtige.*
Nirgends darf eine Frau SO ETWAS sagen denken fühlen claimen für sich
Die Abtreibung hat mir meinen Körper zurückgegeben
JA
sie
hat mich mir selbst zurückgegeben JA
ich bin befreit JA
Baby
mein Körper gehört mir wieder
mein Körper gehorcht mir wieder
wie ich gewohnt war ihn zu hören

auf mich zu hören mich zu hören
zu horchen
in mich hiNEIN
NEIN und nochmals
JA zu mir

Meine Abtreibung war super ich fühle mich wieder wie
ich gewohnt war mich zu fühlen mich fühlen wollte
will ich bin wieder ich selbst nicht länger fremdbe-
stimmt sondern selbstbestimmt frei stark schön und
tapfer weil die Finger diese Finger überall die gehen
nicht weg das endet nicht so einfach das Anprangern
Verurteilen über meinen Kopf entscheiden wollen
meinen Uterus meine Vagina too
ich stehe gerade für mich für mich ein DAS war gut
DAS ist gut ich fühle mich GUT und diese Schuldgefühle deine Schuldgefühle die du auf mich proji-
zierst die irgendein jahrtausendealter Text dir diktiert
diktiert dicktiert irgendein Maul oder anderer Finger selbst wenn das von dir kommt eindeutig deine
Deutungshoheit ist dafür kann ich nichts mach mir
nichts draus und mich nicht für dein Narrativ ver-
antwortlich deine Verstrickungen Selbstgeißelungen
Verleugnungen Scheuklappen Reinfälle Wunden Ge-
pflogenheiten dein Porzellan deine Scheiße oder deine
Einrichtung an sich im Leben

ein Zellhaufen ein Häuflein Zelle
maybe Baby
vlt. schon alles vorhanden
ganz von Beginn

on
EGAL was zählt ist mein Bauchgefühl

ich sage NEIN
ich sage JA
mein Körper
NEIN NEIN NEIN
JA JA JA

ich sage JA
ich sage NEIN
und ICH
zu sagen inmitten eingekreist Steine in den Fäusten
von Männern Gesetzessteine mich ein Gehorchen
zu lehren ein Ducken Kleinmachen Verschwinden
Stillschweigen Totschweigen ein Klappehalten sich
verpissen die Bühne überlassen weiterhin alle Rollen
bis ans Ende der Welt inmitten dieser dieses Korsetts
Zwangsvorstellungen beenden tschüss *fickt euch*
bleibt Herausforderung Tapferkeitschallenge daily
so schwer gemacht dass ich das dass ich das manchmal kaum

kein Mann er
hebe jemals an
spruch
auf
Frauenkörper

kein Mann er
dreiste sich ihr

vorzuSCHREIben
was zu tun
zu lassen

Frau und frei

Ich sage ICH ICH ICH ICH ICH   und
das ist das mindeste

Natur wogt
nährt
was da kommen mag
gewährt Eintritt
wenn sie Eintritt gewähren will kein ständig spreizbeiniges
Opferlamm

Frau

Frau Mutter Natur
abgedroschen das Feld
Stoppelschoß
schreien sie sie er
entGEGEN
Frau Mutter Natur
stemmt stammt
stimmt sich bestimmt
was es heißt was es
was heißt es denn eigentlich

Frau Mutter Natur
natürlich
daran ist ja alles
natürlich natürlich
das Bild das Bild der Bilder
Frauenbild Mutterbild Naturbild dir
deine
als ob ein Bild kein endloses
Streaming von Kreativität
wäre wäre wäre

in jeder *#Frau*
verbergen sich Auen
Wälder Äxte Meere
Die Mutter schält sich
entpuppt sich millionenfach *Die Frau*
streicht sich Zuschreibungen aus dem Gestirn entwölkt
sich aus der Marienhaft zieht das Teflon von den Wangen
kochen backen putzen spülen
den Ausguss runter

und *Die Natur*
die die die
der Frau Mutter
wuchert efeuert die Wälle hinauf die Gräben die Gruben
verdreht Hälse in ungeschwante Richtungen
Achtung ACHTUNG
BEBT
Kleinwürger, biederliche

Ja DIE NATUR
ja ja ja ja
nö nö
so so
so isse isso is wie
isses isses isses
denn denn denn
bloß
bloß
um DIE Allgemeinplätze
bestellt
und
nicht abgeholt
(Danke)

Voll Text die Leiber
der Weiber
Transkriptionen
WAS
ins Unleserliche
was was was
liest du er sie es hen sier sir
was was was
wird
aus
gelesen
FINE

Aber
der Worte
der Mutter

der Frau Natter Natur Holle Gaia Terra Tethys Venus
Aphrodite Athene Minerva Eva Inanna Tara Sophia
Selene Sarasvati Saule Pele Persephone Ran Ome-
cithuatl Nü-ku Nimue Neith Morrigan Miru Vesta
Xochiquetzel Schakti Lilith Hathor Hekate Demeter
Artemis Hera Hierodule Ninhursag Vesta Irene Ischt-
ar Isis Juno Kali Kirke Kassiopeia Andromeda Laksh-
mi Danu Diana Dike Nike Victoria Vivane Ereschki-
gal Brigit Devi Annapurna Aditi Ceres Eshara Sedna
Oba Oya Europa Oma Mama
nie
iswas
genug
gewechselt!

darum darum / darum darum (*chorisch*)
TROTZ
Rotzgörenverstärker
in the streets YEAH
Mansplainer Abflug
ma wida so richtig JEANNEDARCEN wa
sundays for daughters oder montags
halt Demontage des
BILD BILD ZEITUNGSGESCHEHENS REALITY-
SHOWENS DISSPLAYENS EGOSHOOTENS FUCKING-
FAKEING ZEIGEZWINGERNS auf
vor
HANG
        guten Rutsch

der Mutter
was ich ihr
was ihr ihr
sagen wolltet gewollt hättet haben könntet
spricht
und **Eine**: ins Vergessen stürzt final all
es

was keinen Platz in Köpfen fand erfand
go for it

Eine

Deine Mutter
warum sie dich nicht abgetrieben
hat / der / Mut
gefehlt
De_mut
angesagt von oben
wie alles von oben angesagt wird
von der Empore von der der die Emporkömmlinge
tröten krähen töten mähen
weiß
doch jeder
ABER
das Maul
groß auftun tun
von den Rängen aus eh nich weil die Lorbeeren die
halten die Wände sonst nicht mehr zusammen
zusammen die Wälle die Wallache die Hengstparade
(*zusamen zusamen*)

die Orden ordnen die Weltreichen sonst nich mehr
im Saal der Loge Lobby Suite im Platzgarten Golfre-
sorttresor

die Mutter hat immer
die Hände
husch husch
geklatscht hat sie
wenns nich hurtig
genug
die Mutter
die gute gute
ausgeschissen hat sie dich wenn wir ehrlich sind du
ich sie er es ihr sie they hen sier
aus einem ganz anderen Loch bist du
du rechthaberischer Großtuer Vollpfosten du saublö-
des Sandförmchen Lauchgestänge du nervtötende
Vollnull aufgeblasener Grützkopf Knallkopf Fetzen-
schädel du zwergstirnige Bezirksrosette eindimen-
sionaler Fantasiedimmer du Blödbirne Querdenker
Impfverweigerer du Arschgesicht Mistkacker Wildpis-
ser Scheißhaufen Drecksack du Displaywischer User
ferngesteuertes Opfer du Sozialuntoter du Social-
Media-Looser du zurückgebliebener Alter im Kopf du
durchgefurztes Kissen antiquierter Polstersessel du
fahlbeinige Rauhaardackel schwabbeln um den Block
Zentren der Macht umzirkelnd
jaja
auf krummen Bordsteinplatten
jaja
die Nase (das Einzige was in die Höhe je in der Lage ÄTSCH)

schnauzbärtige Doggen Dobermänner
eingravierte Hörigkeiten um den Hals
geschlungen und
zugezerrt
aufgeplustete O-Gebeine
sollen die doch wie Hähnchenschenkelknochen
(KRACH)
im Kartenhaus tropft das Treppchen / Schatten von
Feuerleitern verlieren sich in den Kariesrissen der
Pflastersteine
Zähne zusammen
gebissen jaja
der letzte Spitz längst angeleinter angeleimter Lautgeber
auf
Befehl
zahnlose Kläffer reihen sich
zahllose Käffer
umgezählte Stimmen
Aschehäupter am Fußende der Wahlurne
Scheißhaus Welt anstehen anstehen anstehen ewiges
Festival

zur Ruhe
gebetet
der die das auch
noch nöcher Monetenschweif Magnetenscheiß
immer
kein Schimmer
schlimmer geht
das Heer
wirft sich

purpurne Flüsse Füße Abgüsse im Akneboden im
Rückenwind des Vatervulkans im Kratertief
einsam angelehnt an den Fluchtpunkt der Weltskizze
der der Heroe
oh Boy

educate your sons

(*leise*)
manche Männer wills Mädchen
verstümmeln
manche
bestürmen
gebirgischer Aufgesang der Serpenteenager achja oje

(PAUSE)

(2. PAUSE)

(*Jemand holt Luft. EINE eine Zigarette. Eine andere
eine andere.*)

Eine oder eine andere

Wer damit begonnen hat damit damit wer wer hat
damit begonnen begonnen
der Dame
wer wer
die Sexualität zu verkümmern

wer damit begonnen hat
WER
die Bienchen die Blümchen die Rose die Hose
runter runter runter da!
hat hat hat
Dreckschwein verfluchter Bastard verrecke
da dort hinternd zwischen den Hecken wer WER war
es ist es denn die Möglichkeit vor aller Augen immer
noch immer wieder und alle haltet ihr die Fresse Fresse feige Drecksbande die Rücken zugedreht schnell
schnell im Kollektiv die Schultern keinekeiner wagt
den Blick weil was man sehen müsste könnte müsste
SEHEN HIN HIN! ihr schäbigen Memmen (Meme *das-
kannsteklickklickinsNetzaberLIVE*) rührt euch nicht
steht stramm im Blindflug geht unter ihr Abschaum
Geschütze Geschützte glattrasiert lehnen Schulter an
Schulter die
Gang ein Kopf
Schädel
Basis
Bruch   (BITTE BITTE)

die Männer
ausgedient haben manche solche peinige ausrangiert
ausradiert hinaus
geworfen aus der Welt der Leibenden gehören solche
Männer die
nicht mehr Menschen zu nennen

EDUCATE YOUR SONS

Mutter

Das Kind *schreit schreit schreit*   UND
den Geduldsfaden aufgenommen
die Masche
Wasch
maschine Schleuder
gang
3x täglich
es riecht
magensaure Milch mit Aloe
Vera
sitzt noch nicht steht noch nicht
rollt
sich auf die Seite
mit Schwung
Bauchlandung Geplärr
kein Bekrabbeln / nirgends
zähe Zeit nagt
nugget of the day: 12 Minuten Beine hoch bei starkem
Kaffee
die Frisur sitzt
nicht mehr
die Figur
hinter dem Fensterglas
Schallschutz
Regenschlieren on Feinstaubschicht
Collage (alles) Frottage
Sauerstoffmaske mit Gürkchen

Du hast mir mein Leben versaut
hat Mutter zu ihr gesagt

Mutter
sowas sagt man nicht sowas macht
kaputt
vergangen

die eigene Tochter
schaut scheel aus dem Strampler
in die Realität um
her
sich die Dinge erklärend
versuchs
weise

die *Mutter ihrer* zu einem ungewollten
eingestampft eingedampft
after such an
Damage done
the Dos and Dont`s ...

das Kind das das   **dagegen**
ein Glück dass
ein Glück / und Seligkeit über allen himmelblauen
rosaroten das
Kind sein Lachen ein Mund Augen Näslein Angesicht
das Vollkommene im Kleinsten (vielleicht Unvoll-
kommensten) Verletzlichsten erblicken erfassen als
fasse man einen Traum Traum mit den Fingerspitzen
blitzen berühre diesen an der Tiefe aus der er sich
verströmt

das Kind
Wunder
verwunschen beinahe der Lust des Lebens entsprun-
gen der Lebenslust der Lust dem
Lebhaftigen und du willst von Feen singen von Guten
von Mächten vielleicht sogar im Stillen beim
willst allen Sagen / Mären mehren fast den Regen tau-
fen fast in Fruchtwasser die Erde fast ein Flirren über
dem Land wahrnehmen Transzendenzentgrenzungs-
erfahrung
behaupten fast alles Irrationale Verzückte Glücksge-
wühl hingegeben inmitten schizophrener Schlaflo-
sigkeit schaukelnd als Bote eines Rätsels dass du dir
selbst
aufgegeben aufgehoben plötzlich auf deine eigenen
Arme gewiegt in namenloser Gewissheit deren Timbre
deinem Blut vertraut
scheint sonnendurchflutet der Raum des Bettchens
auch nachts wie unversehens ans Ende des Regenbo-
gens geraten du in Schönheit in so eine Schönheit in
so einer die alles bloßstellt was du dir verstellt ver-
baut hast vertaut schien ergraut aufgeraut zu heiß
gewaschen vermängelt geplatzt und zugenäht aufge-
weicht und verborgt
das Kind ist da und du stehst wie Ochs und Esel
wie Pilger und Königin und glaubst jetzt das was du
siehst nein das was du hast nein das was entstehen
kann was in dir zum Leben erweckt werden was du
zu erwecken vermagst dich mit
in begriffen

Frau

Wer ich
geworden / bin
ich sage ich
hier
vorübergehend
zum ersten Mal
im Dunkel regt sich
mein endloser Schatten
ein Licht aus dem Tür
                              spalt
das Kinderbett
deins meins eins

im Lager lagen die Jogginghosen
nach dem Sport im Umkleideraum
umkleide
Raum
Mädchen
mit deinem
Ebenbild / Ebenholz   (las eine   vor)
die Bänke
die Knie
Durchsagen des Punktestands
Stimme der Mutter
über der Spielfläche dem Kunstrasen
weiße Linien Lilien
Rot des Abendblühens
hineingetauchtes
Leben aus allen Poren

Frau Mutter

Im Saft stehen
bis zum Hals Haaransatz
in Schönheit kommen gehen
wandeln
Native
im Grünohrigen
Fühler
üppig in Blüte Bloom room full of fullfilled Duft Glück
Rausch Frühlingserwachen Ekstase Hochsommer-
hingerissenheit hitzköpfig Wellen Wind Wildblumen
Ohnmacht hingegeben rasend wild heißt frei
nimm dir deine nimm dir nimm wie ein Mädchen das
tun sollte kann weil
keine Begründung notwendig
scheiß auf die Engstirnigkeit
Zuschreibungen
all over
your body
your choice

was wir dir sagen
Tochter
was wir dir sagen
Tochter
Tochter
der
#Tochter
der
Tochter Tochter

die Augen
die Sinne
die Stimme
gegen das Blei den Guss den Hass die Häme Verachtung gegen das Wenn das Aber Anti Zurück die Zu-
dringlichkeit das Anfassen Übergreifen Betouchen
das selbstverständlich Bereitschaft Voraussetzen Einfordern die Voreingenommenheit Herabwürdigung
Abwertung das Abstempeln Kleinreden Überdenmund-
fahren die Verachtung die jahrtausendealten Hierar-
chieärsche und ihre Zombiekumpelz von nebenan
die jedes Schützenfest Schürzenfest jeden Clubsams-
tag die Weltherrschaft her saufen über über und über
und über die Stränge Strenge sich mal alles erlauben
erlauben sich mal so richtig daneben mal so richtig
neben sich langen du die Beine übereinander geschla-
gen hat er sie draußen an der Ziegelwand der Türsteher
hat sich weggedreht Pärchenzwist geht ihn nix an
Pärchentwist and shout noch ein Stout Strongbow ihr
Rock hoch schnell wieder runter und rein zurück in
die Tanzburg
Mädchen Mädchen
angelegt nachgeladen auf dem Brett das genitale Tu-
niergebaren es wird enden fängst du an die saftlosen
Fadwürstchen diese Dosenheinis diese fettriefenden
Bleichbäuche Bluthochdruckbirnen ausgemergelten
Versicherungsvertreterdaddys mit glasigen Ansichten
My Girl My Girl
diese sich einigelnde Fantasienieten Stumpfstachel un-
gebumsten Pornojünger oder älter dumm aus der Wäsche guckenden Schulmenschchen mit Notenspargel

abgeschmackte Spießruten Spießrüden die ihr versautes Auberginchen Oberginchen puh oh hui wie böse böse wie versauauaut wie der die wie sie ihn verhauhauaut hui versohlt ganz grey der Pelz du du Tier du du uh oh ah
und da die Reihe die row raw awww die kleine Asiatin vorneüber zu zehnt dreiunddreiviertel
Stunden
bis nix mehr läuft läuft
echt jetzt
und sweet Sixteen fast oho Verführung retro auf Plateaukrusten platzende Knopfleisten ohne Rock du ohne ohne Rock oben mit Rollkragenstiefonkel sonbisschen Inzestreizhusten das fetzt die Vorhaut haut schafft zwei Minuten Erleichterungstoilette danach freie Wildbahn sorichtigreallifeboah wo er sich ungelenk hinter einem Feldstecher verrenkt in Cocktails ertränkt das Leberwürstchen den Pferdeärschen hinterherstierend mit klopfender Mustang Jeans Straight Cut der Barhocker nach drei Promillegrenze zum Pissoir torkelnd der Prallen den langersehnten Klapps verpassend huch in die Nieren die Glasaugen und Aufschlag
CUT

welche Frau erträgt das sowas diesen Scheiß diese *Holes* diese Männerfantasmen Floppyorgasmen diese solche noch länger WOW die Sau WOW er hat einen hat hart hart einen tatsächlich einen was ne Latte schnell schnell Alarmapplaus und wuschi Samenergussergusserguss ein GUSS wie aus einem

Mamor der Kerl der Kerl Kerl
David Goliath   SCHUSS   SCHLUSS
Mädchen Mädchen
Mädchen Mädchen Mädchen
nimm das nicht ernst nicht mehr die diese dieses Un-
ganze diese verirrten Normalitäter Gewohnheitsjun-
kees gewöhnungsbedürftiger Geschlechtsauswüchse
gestörter Schwengel Vögelbrainer wie diese Störche:
den Märchennestern hinfort diese diese und die
Sham die die UNS schamlos
Frauen Müttern Schwestern Ladies Girlz Guerillas
Babys Bitches Zicken Weibern (bildschönen) Mädchen
Mädels Madames Misses Jungfrauen Backfischen
Gören Bräuten Töchtern Gemahlinnen Gattinnen Göt-
tinnen Alleinstehenden Damen Ungnädigen Ungehor-
samen Freiwilligen Gefährtinnen *say their names* Part-
nerinnen Freundinnen Genossinnen Kameradinnen

die Scham so ein Begriff Begriff begreif sie dir selbst
ist die Frau Liebe das glitschige Glück das geile Va-
ginafülle die Finger das Triggern das Schamhaar
mal so richtig Volumen zulassen eingeschäumt wie's
passt befühlt bewühlt fucking befriedigt Miss Weibs-
bild of the year für dich allein oder zu dritt zu elft zu
zwölftausend kollektiv gemeinsam vereinzelt wie du
willst es dir Spaß macht Freude bereite es dir lass es
dir lass die Lust ein lass dich gehen und den Mund
nur auf um zu sagen wie es dir passt heut gefällt wie
du es haben willst weil du es haben willst weil du
es willst wie du es willst und diese ganzen Bilder

diese Zuschreibungen Zumutungen jahrtausendealter Bärte durchtrenn sie schneid sie ab lass sie in herrgottverwinkelten Tischplatten verrotten wie die Figuren darüber daneben diese breitbeinigen Grillmaschinen empathielosen Spritzwichser Zöglinge Dumpfficker diese Aftershavepräparierten Ichkannnichtohne Gefühlsechtgibtsnich diese Drehdichum Dubistzufett Washastdudennfürnippel Rasierdichmal Duhastdastoppelniiiieh Frauensollen Frauenhaben Frauensind Ohmannfraueney Bleibmastehendu Eyduda Eykannmandichficken Eyalte Eysüße Halloichmeindich Eytussijadukommaher Eygibmirmadeinetelefonnummer Tunichsodufindestdasdochgeil Eyichabdirdendrinkdochnichtumsonstspendiert diese Ohgeilichkomme Ohtutmirleid Sollichdirnochoder Ichmussjetzt Ichgehjetztduschen
dazu diese Ehelutscher Ermächtigungsaffen Patriachatsluftpumpen Vierwändegewalttäter diese Psychopartner diese MachmirKaffee Kochmirehmir Ehrmir Bringmir Gönnmir Hunger Hunger Durst Durst Poabputze MesserundGabel diese Nixaufmucki Obermuckis Oberfinger diese Ichmachdirhundertkinderallesjungs diese Ichdenkemitdemhals diese OMGichsteh diese Ichfickdichdichauchunddeineschwester diese Scheißuschiey Nocheinwortichbringdichum Ichbindeinmanndergürtelzack diese DeinnackterarschvormeinemkolbengeilheuldochfotzestehaufmundaufholdiescheißkinderausderschuledeslebensschlampehuredugehörstmirwEHE

Fick dich   wirklich

FICK DICH

FUCKING DADS EDUCATE YOUR SONS
so einer kommt uns nicht mehr auf die Welt

dein Fleisch
mein Fleisch
das Fleisch nicht Fisch
einfordern das Fleischliche mit Zärtlichkeit Einfüh-
lungsvermögen LIEBE
schon mal gehört

Wunden im Feuer der Wut kühlen Narben glätten mit
Machtworten die starben
NEIN   ICH   MEINE STIMME
Nachtworte Schlachtworte des Altherrlichen zu Grabe
tragen bestatten verbrennen im Aberkennen jeder
Berechtigung im Aufblühen der Selbstermächtigung
deine Richtung kennst nur du ruft deine Neigung
der Weg kurvt immer ins
komm

Tochter
och der och der der
och
Tochter
#Tochter
der
Tochter der
Tochter

Epilog (*oder: Hexen aus dem Off*)

Wir hatten keine Stimme keine Wahl keinen Rückhalt
Nachtschattengewächse die unmündig verwehten
jede Träne Wasser unter deinen Kiel JETZT und Ma-
gellan den alten Texten den einseitigen du erstehst für
uns alle an Deck du JETZT die Klassen überlebt hin-
einreichend in neues Jahrtausend du dem gewachsen
lehne dich zerstöre forme begehre auf begehre alles
was du zu begehren wünschst und
Winde
weht das Kinde und das W
das LEIBLICHE
in alle Herrenländer

W

(Ende)

EDEL
WEIS
MÄN

Edelweißmän

Die Luft ist dünn, in der Höhe. Hinaufgeschraubte Gebirgsbeine. Strammwadige Felsformationen. Kettengebirge, Kuppengebirge, Massengebirge, Rumpfgebirge. Rübezahlreich. Geschaute Weite. Wellenbrechen aufgestauter Blicke. Streuung, Zerstreuung ins Blaue. Der Gipfel. Auch Kreuz. (Selbstverständlich.) Das Oberste zuunterst gekehrt, das Unterste zu.

Könnten Sie, bitte. Ja, hier, die Kamera, da der Knopf, dieser dort, ja, das Smartphone, ruhig noch eins, und, ja, Augen auf, Mundwinkel auf zehn, zwei, danke.

Dort drüben, ein Männchen: Das Edelweiß an den Hut gesteckt, den Gamsbart. Ein großer soll es sein, muss, ein dicker, ein fülliger. Wenn man schon so hoch kommt, dann aber bitte. Vom Bock muss er stammen, der Bart, versteht sich, das Rückenhaar, bitte sehr, die leuchtenden Spitzen des Reifs, aufgefächert, eine Schau, diese hellen Haarspitzen, vom Bock, der die hornige Stirn bietet, allem selbstverständlich, wagemutig die Hufe setzt, felsigste Fatalitäten, ausschweifendste Überhänge, unwegsamste Unwägbarkeiten mit elastischem Flügeltritt bewältigt, der Bock, als ergehe er sich, verlustiere sich flanierend auf ebenem Laufsteg nicht an schluchtendem Abgrund. In die Höhe, in die höchste Höhe hinauf gelangt nur das Männchen allein (das ist bekannt). Sein natürliches Habitat erstreckt sich oberhalb der Baumgrenze, wo nackter Fels sich windet, räkelt,

trutzt, nur von zartem Grün sich kräuselnder Moos-
flechtenscham bedeckt. Hier ist das Männchen zu
Hause. Bewegt sich mit geschmeidiger Eleganz entlang der Spalten und Hänge, der Vorsprünge und
Ausbuchtungen, erkundet mit stolzem Kopfputz,
Hüftschwung, wachem Blick das Revier – das es gegen
Eindringlinge der unteren Hänge zu verteidigen
versteht. Lässt sich ein junges, übermütiges Männchen an den Ausläufern der äußersten Baumkronen
blicken, stößt das dominante Männchen mehrminütig
kehltiefe Schreie aus. Im Handumdrehen weiß es eine
gezielte Bewaffnung mit Gesteinsbrocken vorzuneh-
men, die dem ehrgeizigen Eindringling mit Wucht
und lautstarken Beschimpfungen in brockiger Mutter-
sprache entgegengeschleudert werden. Während die
Salven zweierlei Brocken feuern, gelegentlich trotz al-
ternder Armmuskulatur das Jungmännchen treffend,
versucht dieses sich in Windeseile einen Wehr gegen
den Werfer zu errichten Schrägstrich dementspre-
chend geeignete Geländeauswüchse auszuspähen,
um mit kühlerem Kopf aus dem Schatten des Schut-
zes dem Schützen grabesmächtige oder wenigstens
mächtige Wunden zuzufügen. Weil: Im Hochgebirge
der Alphatiere kann es in 23 Komma 4 Quadratkilo-
metern Umkreis nur einen geben (das steht geschrieben). Nur einer darf bis zu den Porzellangrenzen der
Horizontausläufigkeit die Felsspalten auskosten, sich
flächendeckenden auf Flechtendecken beweisen, re-
gieren, gebieten, verbocken, verbrocken, vergehen –
weil die Natur, natürlich Bild der Frau, dem Manne
Untertan und so weiter und so weiter und es so will.

Die Natur, diese animalische, verlangt ja förmlich mit all ihrer Formschönheit, den kurvigen Hügeln, busigen Buchten, schlüpfrigen Schluchten, betäubender Blöße, neckischer Unverstelltheit – Rohheit, radikales Zu-Willen-Machen, von Machern gehörig abgeerntet zu werden. Weil: Diese Herrlichkeit. Das erträgt doch kein Männchen.

Das Männchen. Es will nicht im Walde. (Steht er doch schon.) Es will. Spalten.

Das Männchen ist ein luftiges, ein vom Himmel hohes, ein Zeus gezeugtes. Darum braucht es nicht nur die Gipfel, stetes Erklimmen, Besteigen, hinan auf Schneewittchenfeldern, Dornröschenhöschen – das Männchen, es-er, ist per se über allem. Über dem Weibchen Schrägstrich der Natur. Er überfällt mit sich, übersteigt, übermannt, übermantelt Hosenloses – wie ein Männchen das zu tun hat. Er nimmt sich. Andere nicht ernst. Der Gamsbart wippt, bauscht, plustert, schweift aus, er spratzt, spritzt, ergießt. Ergötzen will er sich, der Männchen, an sich, an keiner Gegenüber, an einer unterm Daumen, den Zeige- den Mittelfinger erigiert (Bonusmaterial), sein Naturell verlangt es so. In die Knie mit den Rivalen, *Innen eh, in die Untiefe vor verküssteter Riviera, ins Gedümpel, ins Handschuhfach, wo auch immer, nur: hin, PENG zurück ins Vergessen, ins Mundtote, Oral History Channel on. Einsam Zwietracht säend in der Höhe, die Hügelärsche besamend, die Schlitze, die bittenden, bettelnden Betthänge der Ost-, der Südwest-, der wetterfesten Nordwand – so zeigt sich das Männchen von seiner besten Seite. Die Frisur sitzt locker. Der transplantierte Pony weht. Unter dem Filz der Hutkrempe, unter dem Wutkrempel der kaltweißen Hirnüberwindungen. Unter dem Kniff, unter dem Futterdach blitzt der verborgene Heiligenschein; fettig glänzende Abwesenheit stoffwechselnder Haarfollikel des Häuptlings, des Halbgotts mit Halbglatze. Je radiuswilliger die Kopfhaut, desto buschiger der Gamswedel. Schenkelbreiter Prachtstrauß, in die Weiten der allumgebenden Selbstermächtigung blühend. Wie die heilige Jungfrau der Bergeinsamkeit eilig erbebt, wenn er sich nähert, der Bock, die immer noch nicht menopausierende Mutter Natur, so ein Teufelskerl. Welch Zittern den Wedel durchfährt beim Anblick splitternackter Erdenhaut. Wie er sich aufrichtet, das Tier, um das Märchenhafte zu befreien, die Damen, die romantischen, die wehrlosen ehrlosen, die rosa Plüschuschimuschis in die Arme zu schließend, nur fest hinein, Hundertausendjahrmillionen, die filigranen, die barocken Naturen, die sich ihm anbieten, die sich anmieten lassen, überall, wo sein beschlagener Huf hinhackt, hinpackt, hingelangtlangt, völlig verlockt. Wie das Männchen triumphiert, den Patriarsch blank ins UV-Licht reckend, bei jeder neuen Inbesitznahme von Welt. Auf dass die Sonne (die – *what a shame* – hier weiblich ist Herrgott!) Licht ins Dunkel bringe, die Saat zart errötend aufgehen lasse, die das Männchen mühsamend in hart umkämpften Verstiegenheiten sich aus dem Leib hat gepresst, für hauchiges Leben und nichts lassen.

Weit unten im Tal spannt sich die Glasdecke. Im Nachbarreich etwas höher, im Nachtbarreich etwas tiefer. Weibsbilder kleben dort wie fette vollgesogene Schnecken kopfüber. Weiß das Männchen. Eindringen in die Oberwelt ersehnend. Saugen sich mit aller Macht in ihrem Schleim an die Scheibe. Die nicht grundlos über der Welt festgebohrt sitzt. An einzelnen Stellen haben Männchen von oben Bohrlöcher ins Panzerglas gestanzt. Um sich ein Schneckchen herauszuangeln, auszuhungern, überraschend ins kochende Wasser zu stoßen, ohne Dressing zu verzehren. Unser Männchen ekeln solch verbissene Weichtiere. Er verlangt nach Unberührten, Karrierefernen, nach Titaninnen der Unschuld, ihm angemessen. Die strebsamen Schneckchen, diese perlmuttrigen Bauchfüßer, nein, danke. – Was, zwittrig sollen die sein, wollen die sein, die da. Geschlechtsmultiple, Hermaphrodisiaka, beim Paarungsakt samend und empfangend zugleich, diese Schnecken dort? – Was man nicht alles tratscht, sich ausdenkt, ausrenkt, was man nicht alles verhört, verhöhnt, verhörnt. Nur einer ist der Art unabkömmlich, nur einer wahr, echt: Der Patriarch. Der Stammvater, der Urvater, der Herrscher. Ein Panzer, panzerfäustend. Aus seinem Sack sind sie alle gekrochen. Er pflanzt. In einem Fort hat er. Die Hosen an. Den Latz auf. In der Höhe, in der dünnsten Luft, wirken die Nächtigsten, das ist kein Leichtes. Nie können die Augen so ganz turmfalkisch und er vorstoßen, nieder auf Mäuschen, Häuschen. Stets will auch das Terrain überwacht, von hinterrücks Heranrückenden gesäubert sein. Das Männ-

chen will balzen, muss arbeiten – ist das gerecht?!
Zu seiner Erleichterung krümmt sich die Beliebte, die
Beliebige nie weit von seinen Fesseln. So kann er sich
weiden, selbst in steilster Verklüftung und oben auf
bleiben, ganz oben bleiben bis er ein biblisches Alter
erreicht. Der Vater unser, er kommt über alle, gibt
Brot und Circenses, verlangt seine Zinsen, führet uns
in Versuchung, behält den Erlös, denn sein ist das
Reich und die Macht und die Ehrlichkeit.

Die Geiß. Hingegen. Zugegen. Sitzt am, setzt am
gegenüberliegenden Gehänge der Gipfelsturmflut
zum Bocksprung an. Verwünschte Geißelung der.
Hin. Fort. Ja, schau nur. Schreck zusammen, check.
Schneckchen recken sich über Recken von Böcken.
Dort drüben, schau. So schön im Saft. Fettes **Like**.
Entfolgt? Leckarsch.
Leiberweiber, Weiberleiber, Mischwesen mischen
mit, auf; interstellar, trans, Tanz neuer Gestirnter. Es
wird einmal. Der Gamsbart welkt auf dem Verfilzbe-
hüteten, Staubwedel. Ein Gluck. Ein Prosit Neujahr.
Wird Zeit. Ade Idee Adam.

*Bitte, könnten Sie, du, ja, hier, von uns, ein Lichtbild,
ja, ich glaube, so, in dieser Position, das Momentum,
wobei, dieser Fleck hier, Augenblick, stellen wir uns
an diese Stelle da, dort, stellen wir uns also an diese
Stelle, endlich, ja, ein Gruppenbild, mit Damen, was
sie da ist gar nicht, dann passt ja alles, also, Sie, du
können, yes, press the button, drei, zwei. Macht nichts,
wenn das Kruzigefix drauf ist, der Himmel drauf ist, so*

drauf ist, sky ist kein limit, heaven can sowieso wait, Gott, diese Dreifaltigkeit wird mir jetzt auch, allmählich kommt's mir, man muss nur die richtigen Schlüsse und überhaupt, locker aus der Hüfte, ja, so, das Objektiv, mal ein bisschen drehen und, genau.

(*Eine Hand schellt.*)

(*Ein Licht blitzt.*)

(*Etwas geht auf. Etwas unter. Etwas kommt unter den verfalteten Händen des Gebirgsteppichs hervor.*)

Wega

unverkleidet entblößt frei
geboren
im Endlosstream screenfern Ice brechend
bestechend einzig im Vakuum
und ja ja du sagst es sargst es die Scholle der Bauer
und das Echo im Raum Raum und die Resonanz wo
wo
und ein Gesang
und es hebt an was
fliegt und Last und lasst um und lasst es nicht
die
Zeit steht
nicht still nicht still
Still
geht auf der Stille der Stelle manchmal der Schwelle
Welle schein
bar geht nicht mehr ging kaputt put put while der
Himmel wölkt wölbt auf den Kopf
drückt gefallen
und es sprechen so viele fiele es von Enge
und die Gesängestränge streichen um Blockgelenk
artifiziell erzeugte Lebensvilla stänkert aus Fischeiern
und der Horizont *schiebt schiebt* stößt stößt Schreie
auch das aus das stur wie ein Maultier *schiebt schiebt*
(und alle:) *schiebt schiebt*
und es regt sich regt sich nichts regnet nicht auf auf
und doch da dort doch da och
kommst wieder wieder an an deinem Anfang dann

an denn den Ausgangspunkt Ausgangspunk Lebens-
kreiseln mit Rootboots Robot walk of life line and-
gamer
gehst kommst bringst
ein Ja mit diesmal zwei dreißig Ja Ja kennst das Kei-
men zur Genüge schon ging zur Neige fast das Blü-
hen ver ver geben geben einfach dreifach zu einfach
zu schwer das all
es die Aufgabe Aufgabe Gabe
zu trügerisch maybe der Augenblick
tick tack
Wolkenknäule Bindfadenrainpain
das Dia da die die der
klick zack Zick Zack
Filmrolle Filmrohling
das Flackern das Licht in deinen Pupillen die pupils
die people das Dreamgetier Getöse Getue in deinen
Weichteilen Martial Arts Arzt betulich das Blaulicht
das Rot der Parallelwahn #Sinnnest
Fuge Präludium Präservative Präambel Präampel
Präpariertechnick nick Präsentiertier tech zock wtf
wtf **wtf!** aus dem Äff Äff man – and so it is oder was
von wegen verwegen *Fucker*
ein Funke fliegt liegt immer ein eine/r mindestens in
der Petrollache Lache
ein Absatz Cowboygirl es fliegt giert flirrt es
in der in die Luft Luft dass du dir Luft Luft Lust
machst dass es dir
Hände erdig beschmiert beschmiegt im Dreck Dreck
du voll von
Unvollkommenheiterkeitsurf frei freier am friere heut

die Gänse gingen über mich hinweg Flossenberg
unter der Sonne unter unter heißt es über unter allen
Landstrichern fast die die das das
die Sonne an einem Tag an einem mein einziger
Moment des Einverständnisses mit dieser Sprache
Mutter Sprache durch amerikanische Filme brüllend
schmetternd zerschmetternd bepanzernd teerend jedes Ende the
Menschliche Würde abwürgend mehr als ein Mal
mehr als als
mein Hals kraus mit grammelnden Konsonanten
stahlblauäugigen
Stieftanten Deutungshoheit einprügelnd auf auf mein
Nacktes mein
Nacken ausgeleiert Sprache in Rachen in rage in
welch age welch welkt hier
und die Sprache wird mir zu Tränen zu Grund und
bodenloser und loser und
looser und ground without grounding und ich spähe
durch Worte gespreizte Finger
zeige in Wasserlandschaft ohne Nahme ohne Namen
#Festlandlandschreibungenroutentourguidesternchen-
enttäuschungen
und das Wasser und die Schreie und kein Schreiten
und kein Schreiben um zu bleiben zu rasten (bitte!)
zu können für Momente allein und allem ansichtig
angesichtig inmitten dieser himmlisch porösen Un-
bedeutung
keine Ahnung wie wir das aushalten aushalten halt
halten an sich
uns wen sonst noch auch das och auch derdie und so

was und seitwärts Gesunkenes Ausbetrunkenes der
Schultergürtel die Flügel Extremitäter am Lebenswerk
Werk auch das noch
wund wunder
es blutet uns zu, das Leben
nature püriert
look listen and
Dschungeldrum
ich rauche mich auf ich löse mich
über den Stäben des Tipi Karusell Karo sell   es
brechen es brechen
Mysterium Materie Mater Marter
gebellte Gebete den Hunden zum Fraß fraß mich auf
fast
faster
im Durchgang
hier ich du
wie das Wort wie das
rastlos rostrot trotzdem trotzig kindisch vielleicht
schon manchmal schonungslos erodierend im schönsten *shine on*
der Spot hier spotless spottlos los
ausgezogen Bedenken zu leeren
und so wird es
weitergehen im Durchgang durch durch und
Lebensdurst einst eingenistet in
Stille stillend endlich Endlicht wie der Mond
und wie kann ich das
und vergessen
immer und immer wieder schon
täglich aufs Neue
täglich aufs Neue

ELEK-TRISCHE IMPULSE

Elektrische Impulse

Ankommen, sich setzen, das Wegrennen, das Rennen wie abgestandene Brühe aus den Beinen laufen lassen, den Blitzkrieg der Displays ausatmen, am Fluss, der die Stadt beruhigt, Altes wie Neues mit sich führt, trägt, wie er den Verweilenden trägt, den er das Ertragen lehrt, das Schwimmen, auf seine Weise, offenbar wie alle großen Metaphern. Am Wasser sein, wieder werden, eine Hinschauende, vielleicht, und ein Weitergehen möglich wird.

Die Frau ist angekommen, wie der Mann angekommen ist. Sie sitzen am Wasser. Ein paar Meter liegen zwischen ihnen, lass es vier, fünf Schritte sein, doch sie trennen Welten. Identitätsfächer, pfauig, traurig, hoffnungstoll. Ein Dazwischen, gerupft und neu verstellt. Vorstellungsmauern ragen aus Zementstufen. Die Sonnenterasse, ausuferndes Rechteck. Aber da macht sich nicht nur Unvereinbares breit, da erahnen wir auch einen gemeinsamen Nenner, eine schlichte, natürliche Zahl, unspektakulär, auf den ersten Blick, weil wir jeden Tag mit ihr rechnen, könnten zumindest, im kleinen 1x1 unseres Radius, durch die sich alle Schicksale teilen lassen, multiplizieren.
Zwei sitzen da, auf Beton, schmale Steinblöcke, gräuliche Streifen entlang des Wassers. Dahinter: Stadt, sich in den Himmel türmend, Glas, Stahl, Beton. Seltsam weitab. Blinken der Ungetüme in der Bühnenflucht. Sonne übersteuert. Zeichnet sie fahl, wirft

die Skyline als kurzen Schatten an die Rückwand der Gegend. Unheimliche Papierwelt. Origamifantome. Jedes Haus, hoch und klein, prahlerisch und gebeugt, dahingefaltet und lebenslang. Die Glasfronten der Wolkenkratzer: feines Butterbrotpapier, aufwendiges Geschenkpapier, bedruckt bedrückt Hochglanz Dreck. Nebendran bis an die Ausläufer des Gebirges: Besiedlung, bepisst besudelt, Häuschen aus Karton, aus zähem Backpapier, Packpapier, günstigem Kopierpapier, Klopapier, Zellulose, beige, matt, recycled, alltagstauglich, Druckern dienlich Drückern Müllabfuhr Abfuhr. Auf den Dächern: Papiertauben, belagern Papiergauben, Papierschrauben, Raubbau, darüber Papierflieger Pflüger zwischen zinkweißen Wölkchen zischen, aufgeheizte Atomsphäre, fieberflimmrige *Air*.
Darin schwimm
verschwommene Papiersegler schrillende Raubvögel Raubvögeln Nesträuber Nestbauer Schmutz Gestutzte in Vogelbauern Penthousezwingern. Mauern aus Backstein*paperbag*, holzig, faserig, handerschöpfte Fassaden Geschöpfe aus Kragen ragend mit unzähligen Köpfen Faces aus Fensterbildern starrend aus Windows Papierkügelchenaugen auf Passanten *richtend* auf Displaywisher im Stehcafé verwesende User Inter-Facegeliftete strichmännliche Notizblöcke Notizböcke vorbeisausausende Mobilgevatter Mobilfalter Gezeichnete Glattgestrichene Umgeknickte Abgefickte Eingebrochene entlang des Bürgersteigstiegs.

Früher spielten sie mit Anziehpuppen aus Papier – *Paper Dolls*, wenn sie Mädchen waren, weiß die Zeit. Da lösten sie sich eine Spielkameradin aus vorgestanzter Schablone, jünger oder älter, mit roten Bäckchen und Locken, in Kleidchen oder Unterrock, knipsten die Anziehsachen aus der Form neben der Spielgefährtin, stülpten ihr Garderobe über, die schick schick und machen sollte, anschicken, auch Dinge zu tun, in Maßgeschneidertem. Für Festliches dressten sie Püppchen, für Rendezvous, Auserkorene, für einen Anlasser, eine Story, die sie planten wir ihr, in die wir Püppi hineinlocken wollten entführen sie dort befestigen, ihr mit elfenbeinweißen Papierhäkchen modische Modellchen an Schultern, Taille, Beinen anklemmend. Schon unsere Großmütter taten so, unsere Urgroßmütter, erinnern wir uns, sie sich, die genau wüssten, was wir tun, wenn wir einen Charakter wählen, für ein Spiel, online, via Spielkonsole klick klack tick tack plemplem. Tablets, die die Welt auftischen. Doors open at 0 pm. Das Programm spult spult Back Slash play.

Guten Tag, die Dame der Herr Herr. Feinwäsche an der Leine Leine. Sie streichen sich die Papierfalten aus dem Hemd, der Bluse, dem Rock, versuchsweise, die Stirnen weichgezeichnet. Sie sitzen. Sie stehen. Sie gehen. Sie filtern. Sie sitzen. Fest fest im Sattel der Geschichte dieser Geschichte.

Der Schöne die Scheine. Gebräunte Gebeine.

Die Sonnenter*rasse*. Die Aussicht bleibt Klasse.

Stufe für Stufe für Stufe für.

Kehrt den Schatten.

Frau Mann. Mann Frau. Sitzen. Human Ressources.
Stein Schere Papier.
Blatt Glatt Glätte. Hätte hätte. Blatt aus dem Buch-
rücken. Keins stülpt die Brust in den Raum, wirft die
Arme nach vorne, entreißt sich.
Zupfen Schlagen Rupfen Falten. Hände Hände Ende
Geländer.
Papierdrachen im Anflug Anflut Sonne gegen Gegen-
licht Licht.
Welt
abgestellt.
Turn me on.
Der Mann Mann ist im Begriff im Begriff Inbegriff.
Die Frau Frau. Wer ist jünger jünger älter das Huhn.
Begriffsstutzig begriffsstützend wer wer schürzend
stürz
End.
Leben oder lieben.
Prinzipien und Prinzessinnen.
Stau Büstenhalter Revolutionstabu.
Bastille Bazille batz spratz schatz kratz.
Es schluckt schluckt. Es schlug schlug. Stund um
Stund. Hustete die GesichtÄHÄ. Ein Räuspern geht
durch the World ging gang GONG. Entzündetes
Schleimheute. Roter Lack Aff. Abgesplittertes
baden gegangen
an Land kletten
Klettverschloss rankt
Dennoch.

Heute ist er ein anderer sie

Vielleicht, weil die Zeit
Weile
Vielleicht, weil sie

Er wird sterben.
Wie sie sterben wird.
Wie sie sterben werden.
er sie sier they hen
DAS EINZIGE DURCHATMEN

Die Zeit sprach: Eine Diagnose.
Der Körper sprach.
Vielleicht.
Mit einem Mal magnetischer Gegenpol zum Willen.
Nicht mehr der eigene. Enteignet. Fremdes unter der
Haut
i am an alien
es zieht in der Brust
ein / aus
dunkler
Widerstand

Die Zeit schickte ihre Zeiger. Vielleicht. (geht es so
voran)

Tick Tack
Durch die Straßen verlaufen
so etwas wie Verständnis für das eigene Ableben
Abkratzen Verschwinden gering die Chancen
aufbringen. Die einem so bekannt und unbekannt
wie nie zuvor. Erscheinen erscheinen.

Das Umher in Kutte Kapuze tief in die Sternstirn
gezogen gezogen getrieben. Das Umher die Finger die
Wunden zu young young forever die besten Jahre
vorüber
gegangen gegangen
hinterrücks Schlucht Straßenabfall war es einmal.
Der Asphalt fahl unter den Sohlen. Mordende Sonne
morgende schon schon

Er ist hineingesunken sie hen sier da versumpft im
Gleißen im Geißeln der Fakten der Falken
Identität geborsten
Gebirge des Ichs zahnlose Kämme Schwämme an
Rinde aufgeplatzt verbeult verbeutelte Streu liegt
überall Sand Augäpfel Asche
Richter Dichter ein leerer Platz mit Tauben
das Finale Finale ziehen / sehen / müssen

Der Asphalt hatte Fäden gezogen zog fade am Tag
vorbei VORBEI sich um seine Fesseln zusammen
hatte sich zum um Kniegelenktegelenke gesponnen.
Jemand war trotzdem weitergegangen, hatte hatte
trotzdem irgendwie, nur scheinbar, Laufband, das
sich der Geschwindigkeit anpasst, dem Eigenen, so
sehr man auch beschleunigt rennt ins Schlendern
verfällt Stillstand erzwingt Fahrt. Spurlos hatte sich
der Asphalt hinter dem hat sich. Die Straße unter der
Schlammlawine. Unter der Senkrechten. Geometrie-
spalte Himmel.

Sich außerhalb wähnend. Diefraudermannn. Derdie-
dieder andere derdiediedas Zugeschriebene Zuge-
schrieene. Stadtschlieren. Auf abwaschbarem Kunst-
stoffsitz durch Schächte
reisen. Blick auf rutschfesten Boden
belag geheftet. Damit die Zeit
schweigt
Tod ins Off. Sprich mit der Wand soll der doch mit der
Wand sich einbetonieren selbst begraben abhauen er-
schießen dieser Dreck von letzter Wahrheit oder wie
soll man sagen Endstation alle aussteigen aufsteigen
abspringen überall lauernd das Leben begrenzend
zeichnend ausmachend schließlich ausmachend auch
wenn sie das fast vergessen du das sich das fast vergessen lässt dieses Loch im Raum dieses wo deine
Masse zu etwas zerdrückt vernichtet in etwas hinein-
geworfengesogen wird verbannt verbrannt das keine
Ahnung weil es keinen Lagebericht gibt keine Lexika
Blogs keine News Updates Informationen allgemein
von dort wenn es ein Ort überhaupt örtlich bestimm-
bar weil kein Zurück oder haben wir das falsch ver-
standen alles verstehen wir alles falsch weil wir nur
verstehen was wir sehen was wir sehen wollen was
wir kennen was wir meinen zu kennen zu sehen und
das andere das andere andere nicht existiert was was
Existenz ist meint das können wir wer kann das kann
das wer sag doch mal Sein probieren beim Sein und
nothing else eigentlich wenn du es bedenkst und es
das ist doch doch immer das Gleiche nur anders ein
bisschen anders Variation Variation verifiziert Seien-
des ständig und es atmet dich die auch und angeblich

ihn auch und noch und wäre da nicht dieser Mund-
geruch
Tod. Zurechtweisende Konstante

Ankommen, sich setzen, das Wegrennen, das Rennen
wie abgestandene Brühe aus den Beinen laufen lassen
sie war nicht zur Arbeit gefahren, wie sie es eigentlich hätte tun sollen. Weil
die Zeit.
Gevatter, Bruder. Wunsch sich mit dem Unbekannten
Unabwendbaren zu verschwistern inmitten. Hinein-
gestoßen Löwengrube Kolosseum die Ketten klirren
die Statistiken die Statisten die Tore öffnen sich
ante mortem intra vita

das Gebäude Mensch stürzt asymmetrisch in sich
und da ist nichts mehr als dieses Nicht-Verstehen und
doch um alles wissen

Zeitraffer:
Rolltreppe, steil den Schacht hinauf, Erdoberfläche
begrünter Uferstreif Kanal, etwas fließt. Wangenzan-
gen. Sich zusammenbeißen ein Benehmen. Vielleicht
die einzige Möglichkeit dem Unvermeidlichen zu be-
gegnen, aufrecht.
Unter der Haut kauernd Großmütter in Luftschutz-
kellern, Großväter an Fronten. Not Töten Vergewalti-
gung Angst Hunger Leiden. Trümmerfrauen Wieder-
gänger Heimkehrer Stummfilmflimmern Gespenster.

Eingebrannte Farbaufnahmen Feld Feld Feld Fangen
Verstecken Eckenstehen Himmel und Hölle. Eingeleg-
te in Alkohol poröse Reagenzgläserne Kinder
where do they play
sitzend hopsend balancierend auf einem Bein auf
zweien Geburtstagsfeiernde Zeugen Leben verbringend

die innewohnende Unwahrscheinlichkeit kaum fassen
von Rolltreppe aus Metallschlund ans Licht gespuckt
Gewässerausgang links.
Boote Brand Fackeln   warten
von heute auf morgen
nie mehr tagen

du unheimliche Verkettung von Möglichkeiten, die
entschieden, Gestalt anzunehmen
wie mühsam sich das Lebensrinnsal Weg bahnt ver-
zweigt
Versiegen als final Screen

Ankommen, sich setzen
der Fluss beruhigt. Veränderung. Ausgerechnet.
Die ausgehärteten Gussbetonandern des sich in Bah-
nen pressenden Atems anno.
Die früh empfangene Lehre des schlechten Gewissens
bei Müßiggang des ritualisierten Einkunftszölibats
abstreifen, mit letzter Kraft die allerletzte für das Hin-
sehen wahren.
In heller Verknitterung sich elektromagnetischer
Strahlung hingeben.
Ferngereiste Information du

Zellkerne wie Spieluhren
Impulse wetteifern musizieren. Arien gesprenkelte
Kanarien-Melodeien.
Tönendes man Tönerner
Sandstein
Poren Ohren Aus
tausch.
Google Clouds verwehen
sehen
abgetan verschimmelte Wahrnehmung an sich selbst
vorbeieilend, zielgerichtet, blauer Saphirblick
Black

Identitätsschmelze. *Transformation completed.*
Am Ende
bleibt übrig
das unique erschaffene Negativsilikon – sprach die
Verpackung
die interaktiv nachvollziehbare Videoinstallation im
Hohlraum In-other-Body-standing-in-whose-shoes-
Performance

geheimnisumwitterte Gegangene
Gedankenbrandung

Einmaligkeit saß 47 Jahre lang hinter dem Desk
Großer Traum stieß sich in der Office-Door den Kopf

Federschmuck jener Häuptling:innen wehte über den
Karos von Hemdkleidern
Moment regiert, unnachgiebig, Stamm der Wölfe, der
Bären, Büffel
Handlung sein
Komplott
Gefährten lesen
in Begegnung verfallen, schneller langsamer
zerfallen
in den schönsten Splitter, den man selbst im Auge
(haben kann)

der **Moment**
lässt sich Zeit / ließ uns
fassbares Rinnen
dein Bild
ganz klar
im Verwischen der Spur

Nichts mehr müssen / nie etwas gemusst
REQUIEM
diesen Kuss der ganzen
Welt
im Sterben Skulptur in Zeit und Raum gemeißelt

Alles papieren
weiß das Blatt deiner Stirn
über der Schrift
meines Skizzenbuchs

in losen Enden flattert Geschichte flattern Geschichten
Wäsche Silhouetten
alles Umriss

Wanderung in Intuitionssneopren
Alpträume
von Schlaf sprechen
EINST
Pillen
Chancen
sich immer und immer wieder anbietend
jedes Geschehen umzuschreiben umschreibend
jede Wahl jede Entscheidung

Erinnerungsschächte
geisterhaft
etwas raschelt etwas entschlüsselt
Muster / Knicke / Kniffe
Origami
Blattgold

Sonne streicht Stufen
Druckerpapierstau knautscht am Horizont
Menschen
Kanal
Story
Geschreddertes
Akten
Konfetti

der Strom durchzieht

fahles Antlitz der Stadt
gelöste Papierhäkchen Zerstäubtes
Seitenwiese
Zellstoffe bäumen
im Kreislauf des Recyclens
weben sich
Fasern

deine Haut
schlüpft
mein Bezeichnen

auf Terrassen von Buchblöcken
sich dem Nahenden entgegnen

Geheimnis
ich nenne dich nicht
mein

ich kenne dich

Geheimnis

Victoria Hohmann

lebt und arbeitet in Berlin. Sie studierte darstellende Kunst sowie Kunstgeschichte (M.A.), Allgemeine und Vergleichende Literaturwissenschaft, Germanistik und Archäologie. Seit 2017 ist sie selbständig als Schriftstellerin, Künstlerin und Verlegerin tätig. Veröffentlichungen: „Von Verwandlungen – Erzählungen" (2017, VHV), „Vom Dazwischen – Kurzprosa" (2018, VHV), „Vom Miteinander – Erzählungen" (2019, VHV), „Undine" (2021, eDition, VHV), „Stück Welt" (2021, eDition, VHV). Die Autorin schreibt auch für das Theater. Sie ist verheiratet und hat eine Tochter.

Autorinnenseite: victoriahohmann.de

Künstlerinnenseite: studiovictoriahohmann.de

LITERATUR &
KULTUR VERLAG